THÈSE

POUR

LA LICENCE.

TOULOUSE,

TYPOGRAPHIE TROYES OUVRIERS RÉUNIS,

RUE SAINT-PANTALEON, 3.

MEIS ET AMICIS.

ACTE PUBLIC

POUR

LA LICENCE

SOUTENU PAR

M. CABOY (Marcel),

Né à Bordeaux (Gironde).

Jus Romanum.

De exceptionibus.

INST. JUST. LIB. IV, TIT. XIII. — GAIUS. COMM. IV,
§§ 115-125.

Secernitur exceptio a defensione propria, quamvis hæc duo comparatæ
sunt a parte rei ad depellendum jus actoris ; nam dùm defensione negat

1855

reus jus esse actori, contrà exceptione jus illud fatetur aut negligit, detortum actorem depellendi modum adhibens.

1º *Origo exceptionum.* — Sæpè acciderat ut quis jure civili tenebatur, sed iniquum erat judicio condemnari, quia invito suo jure, consequi illud improbum erat, verbi gratiâ, si post stipulationem a te pecuniam tanquam credendi causâ numeraturus, nec numeraverim, quamvis stet firma stipulatio, iniquum erat te eo nomine condemnari, et placuit per exceptionem doli mali te defendi debere.

Itaque cùm introducta fuit exceptio ad corrigendum jus civile, non dubitatur ducere originem exceptiones a jurisdictione Prætoris. Tamen mox exceptiones creaverunt senatusconsulta, vel constitutiones imperaorum, vel quædam leges quæ antiquas non audere videbantur abrogare, et servantes illas, vigorem illarum minuebant jus prætorium imitantes.

Sed ad obtinendam adversus actorem justitiam, non semper necesse erat reo exceptionem opponere, nam in bonæ fidei judiciis, officium erat judicis, sine exceptione certâ, illam cernere, ne reus damnum passus fuerit ortum à stricto jure.

2º *Exceptionum forma.* Pura et certa nusquam concipitur exceptionum forma nisi in formulis, ut nobis docet Gaius § 119, sic loquens : omnes exceptiones in contrarium concipiuntur, quam affirmat is cum quo agitur ; nam si verbi gratiâ reus dolo malo aliquid actorem facere dicat, qui fortè pecuniam petit quam non numeravit, sic exceptio concipitur : *Si in ea re nihil dolo malo Auli Agerii factum sit, neque fiat.* Item si dicatur contrà pactionem pecunia peti, ita concipitur exceptio : *Si inter Aulum Agerium, et Numerium Negidium non convenit ,ne ea pecunia peteretur.* Et denique in cæteris causis similiter concipi solet : ideo scilicet, quià omnis exceptio objicitur quidem a reo, sed ita formulæ inseritur ut conditionalem faciat condemnationem, id est, ne aliter judex eum cum quo agitur condemnet, quam si nihil in eâ re qua de agitur, dolo actoris factum sit ; item ne aliter Judex eum condemnet, quam si nullum pactum conventum de non petenda pecunia factum erit.

Undè manifestum est exceptione opposita sub novà specie fingisse litem reum, et omisso jure actoris reo incumbere onus probandi novum factum

n jure adhibitum ad ponendam exceptionem. Et sicut in omnibus aliis
asibus statuet Prætor de vigore et indole exceptionis, dùm judex factum
estimabit.

3º *Divisio exceptionum*

I. — *Exceptiones in jus aut in factum.* — Quæ dicitur in jus exceptio ge-
eraliter concipitur et, verbi gratià, sic manifestatur : judex condemna,
isi quid contra leges senatusconsultave factum esse dicetur. Et inter
llas connumerantur legis Cinciæ, Velleiani aut Macedoniani senatuscon-
ulti.

Exceptiones in factum contra facto speciali includuntur; et illarum
ræbetur facile exemplum, quum denegatur generalis exceptio de dolo
lio aut libertino adversus patronum vel parentem, et in hoc casu manet
ola exceptio dolum non ostendens sed speciale factum.

Sed illa distinctio locum non habuit post formulas, et nobis utile vide-
ur explicationem præbere alius divisionis quæ mansit semper vel post
ormulas.

II — *Peremptoriæ aut dilatoriæ exceptiones* — Peremptoriæ sunt, ut dicit
aius, qnæ perpetuo valent nec evitari possunt, et ut dicit Justinianus,
uæ semper agentibus obstant, et semper rem de quà agitur perimunt.

Dilatoriæ sunt contrà exceptiones quæ ad tempus nocent, et temporis
ilationem tribuunt.

Exceptiones peremptoriæ. — Sunt quædam maximè conspicuæ de qui-
us paucis verbis loquendum est, et sic enumerari possunt : exceptio me-
ùs causâ, exceptio doli mali, exceptio non numeratæ pecuniæ, exceptio
acti conventi, exceptio jurisjurandi et tandem exceptio judicati.

Exceptio metûs causâ. — Cùm stipulatio confecta est interrogationc et
esponsione congruentibus, stat vinculum juris. Etenim ut dicit Paulus,
i voluisti coactus, tamen voluisti ; sed prætori visum est injustam esse
anc consequentiam et exceptionem metûs causâ invenit, quæ hanc for-
ulam recipit: *Si in eâ re nihil metûs causâ factum est.*

Vis esse debet quæ metum imposuit maximè gravis, sicut mors aut vulnera aut libertatis amissio ; sed parùm refert litis aut criminalis solus timor.

Hæc exceptio *in rem* dicitur duplici modo , quia opponenda est à quocumque obligato, aut successoribus aut fidejussoribus, et adversùs quemcumque qui agit de obligatione, vel cùm non esset vis adhibitæ actor.

Exceptio doli mali. — Sic manifestatur hæc exceptio : *Si in eâ re nihil dolo malo Auli Agerii factum sit neque fiat.*

Definitur dolus calliditas, fallacia, machinatio ad circumveniendum, fallendum, decipiendum alterum adhibita. Sed solus exceptionis causa est qui causam dedit contractui et non incidens est.

Sed maximè notanda sunt discrimina quæ separant quod metûs causâ et doli mali exceptiones. Doli mali exceptio fingenda erit vel de dolo instructo post contractum aut alienationem, dùm depellitur exceptione quod metûs causâ illa sola vis quæ tempore obligationis egit. — Deniquè non tam generalis est quam quod metûs causâ exceptio, doli mali, nam opponenda est soli qui ejus auctor fuit et non illi qui agit.

Igitur *in personam* dicitur, et formulâ maximè apparet quia in illa designatur doli mali auctor, secùs in formulâ quod metûs causâ.

Exceptio non numeratæ pecuniæ. — Si quis quasi credendi causâ pecuniam stipulatus fuerit neque numeraverit, certum est stricto jure vinculum creatum fuisse stipulationis quo non numeratam repetere posset creditor. Sed cùm iniquum visum est permissum, fuit debitori probare non esse causam obligationis.

Sed quùm difficillimè esset probationem hujus negativæ indefinitæ præbere, concessum fuit debitori onus non sustinere probationis, et cogere creditorem ad probationem pecuniæ numerationis. Attamen restrictum fuit tempore jus illud à Justiniano qui jussit hanc opponendam esse exceptionem solo biennio, ne veri creditores suis pecuniis defraudentur.

Maximè inspiciendum est specialem inesse regulam huic exceptioni, quia, quamvis in exceptione reus fiat actor, se aliter in illo casu res habet.

Exceptio pacti conventi. — Præterea debitor, si pactus fuerit cum creditore ne a se peteretur, et obligatus fuerit mutuo aut stipulatione, id est stricti juris contractu, nihilominùs obligatus manet, quia pacto convento obligationes non omni modo dissolvuntur, quâ de causâ efficax est adversus eum actio, quâ actor intendit *si paret eum dare oportere*, sed quia iniquum est contra pactionem reum damnari, defenditur per exceptionem pacti conventi.

Sed omisso hoc auxilio, agere posset debitor de dolo, quia sanè dolus inest actoris facto qui invitâ pactione ut ne peteret, petitionem intendit.

Exceptio jurisjurandi. — Si nullam probationem præstare potest actor et jusjurandum deferat reo qui juravit, evenit quodammodo pactum quod obligationem antiquam subitò non extinguit; sed si posteà creditor idem jus propter quod intervenit jusjurandum, iterùm consequi vellet, opponenda esset jurisjurandi exceptio, quâ non quæritur si verum jusjurandum est, sed solum si juratum fuit.

Sed facile intelligitur huic exceptioni locum non esse, quùm non denegat creditor reum juravisse.

Exceptio judicati. — Ante Justinianum non semper erat utilis judicati exceptio ad depellendum qui iterùm judicium obtinere vellet de eadem re, nam in quibusdam casibus, si de legitimo judicio agebatur, novatio erat quæ jus pristinum diruerat; sed post Justinianum quùm semper erant extraordinaria judicia, nulla erat novatio et semper utilis erat exceptio judicati.

Vix expediens est dicere nasci posse hanc exceptionem solùm quùm sunt eædem personæ, eadem questio et eadem causa.

Exceptiones dilatoriæ. — Discernendæ sunt duæ species illarum exceptionum : temporales et non temporales.

Temporales sunt quæ nullum effectum habent nisi opponentur in illo tempore quo agere non poterat actor. Verb. grâ., si pacti sumus ne intra tres menses agas, et non finito illo tempore actionem edas, pacti conventi erit exceptio quæ si negas, non solùm mihi præstabit tempus de quo pactum fuerat, sed etiam quia litis contestatione novatio fuit, te omni jure depellit. Sed constitutione novâ Zenonianâ si tempore plus petiit actor, jus omne non amittit, sed in duplum subire debebit anteà precisum tempus.

Dilatoria et simul temporalis erit exceptio quum de lite residua erit ; id est, quùm hoc auxilio depellitur a reo actor qui non unà edidit omnes

suas actiónes, sicut edictum erat, adversus cumdem reum. Sed non va-
lebat hæc exceptio, nisi actor novam actionem sustineret intra eamdem
præturam. Idem erat, quum actor partem sui juris ostenderat et aliam
partem postea intra eamdem præturam, et tunc apponebatur litis dividuæ
exceptio.

Aliæ exceptiones quæ dilatoriæ sunt sed non temporales, vocandæ
sunt, ut dicit Gaius, dilatoriæ non ex tempore sed ex personâ. Sic, si
præbet aliquis cognitorem in jure, et non illi liceat cognitorem dare,
aut cognitor illam qualitatem obtinere nequeat, opponenda erit exceptio
cognitoria quâ depellitur actor, si non cognitorem deserit, aut semetipse
stat in jure.

Traditur facile aliud exemplum harum exceptionum, quum fidejus-
sor exceptionem dictam *si non et illi solvendo sint* opponit creditori qui
actionem suam dividere non vult, sub hoc colore solvendo non esse alios
fidejussores.

Tandem animadvertendum est eosdem effectus gignere dilatorias et pe-
remptorias exceptiones, ita ut omni jure cadat actor si cum opponitur exceptio illam negat et non justificatur sua negatio. Etenim litis contestatione et transitu à jure in judicio fit novatio quæ jus pristinum extinguit.

Code Napoléon.

Preuve des Contrats.

(Articles 1315 à 1369.)

Il serait peut-être téméraire de donner une définition à la fois bien précise et bien générale de ce que c'est que la preuve, et de cette opération qui consiste à prouver; mais heureusement nous n'avons à nous préoccuper de l'utilité de cette définition que relativement aux règles du Droit, et dès-lors notre tâche devient plus facile.

La loi n'étant faite que pour régir et équilibrer les rapports des hommes entr'eux, son application suppose toujours l'existence de deux ou plusieurs prétentions rivales qui se combattent pour s'exclure mutuellement. Ce combat régularisé par les dispositions législatives, se produit devant des juges qui n'étant pas parties dans le procès, ont besoin d'être éclairés et d'asseoir leurs convictions, pour décider quel sera le vainqueur dans la lutte, sur des faits qui leur révèlent le côté où réside la vérité.

L'on appellera preuve cet ensemble de faits, cet enchaînement de circonstances qui présentés par l'une ou l'autre des parties en présence, tendront à justifier leurs prétentions. Mais il faut remarquer que, contrairement à ce qui se passe dans l'ordre moral, où l'on ne peut pas poser de règle pareille, le législateur a le droit d'indiquer aux juges quels seront les éléments de conviction, et quel est le moment où ils doivent demeurer convaincus.

Nous nous proposons d'indiquer très succinctement les principes qui dominent les différents genres de preuves adoptés par la loi, après avoir, toutefois, énoncé les principes généraux qui les dominent et avoir essayé de les grouper dans un ordre logique.

SECTION PREMIÈRE.

§ 1. — *Principes généraux.*

1o. Toute preuve consiste dans l'énonciation d'un fait qui doit servir lui-même à en démontrer un autre. Seulement la différence qu'il y a entre ces deux faits, c'est que celui qui sert de preuve est connu , et que l'autre ne l'est pas; de telle façon que le trait d'union entre le fait connu et le fait inconnu sera toujours un raisonnement ou supposé par la loi , ou se produisant d'une façon intime et latente dans la conscience du juge ;

2o Toute personne qui forme une action en justice ou qui oppose une exception à une action dirigée contre elle, est en général, tenue de prouver les faits dont son action ou son exception suppose l'existence.

Ce principe n'est guère que la traduction de deux vieilles maximes consacrées par une longue pratique et d'anciennes législations : *Actori incumbit onus probandi; excipiendo reus fit actor ;* mais qui n'en demandent pas moins une justification théorique. Celui qui créancier , par exemple, d'une autre personne, veut exercer son droit de créance, doit évidemment en prouver l'existence, parce que le lien de créancier à débiteur n'est pas une chose forcée , fatale, essentiellement ordinaire entre deux personnes ; il déroge même à l'ordre des choses le plus naturel ; donc il faut que le demandeur prenne à sa charge le soin de démontrer ce fait pour ainsi dire exceptionnel. Il ne faut pas que le débiteur actionné soit obligé de prouver directement que le créancier n'a pas raison; car il demande uniquement à se maintenir dans la position ordinaire, et ce serait mettre en péril les droits les mieux fondés que de forcer le défendeur, qui n'a

pas pu prévenir l'attaque, de trouver des moyens antérieurs à cette attaque pour justifier sa résistance aux prétentions du demandeur.

Mais si le défendeur, sans contester directement la prétention de son
adversaire, reconnaît, pour ainsi dire, au moins d'une façon hypothéti-
que, que le droit du demandeur existe, s'il veut soutenir, par exemple,
que la dette a pu exister, mais qu'elle est éteinte, il s'agit alors là d'un
fait nouveau contraire à l'ordre de choses déjà fourni par le demandeur;
il s'agit de renverser une prétention qui, justifiée de la part du demandeur,
a déjà arraché le défendeur à la position ordinaire de tout le monde. Il
est donc devenu demandeur à son tour quand il veut faire admettre qu'il
est libéré; il faut donc qu'il prouve : *Reus excipiendo fit actor.* (Art. 1315.)

3° Si les maximes que nous venons d'énoncer ont pour elles la consé-
cration de la raison en même temps que celles d'une longue pratique, il
ne faut pas en dire autant de celle qui se formule ainsi : *Ei incumbit pro-
batio qui dicit non qui negat;* en d'autres termes, l'on est déchargé de la
preuve de tout fait négatif. Il faut remarquer effectivement que tout fait
négatif peut généralement être converti en un fait affirmatif contraire.
Ainsi l'on prouvera contre une personne qu'elle n'est pas Française, par
exemple, en prouvant qu'elle est Anglaise notamment; et s'il peut arriver
quelquefois qu'une négative soit tellement indéfinie qu'elle échappe à la
preuve, ce n'est pas tant à sa qualité de proposition négative qu'elle le
doit, qu'à sa qualité de proposition indéfinie.

4° Quand on réclame en vertu d'un engagement que l'on dit avoir été
consenti par autrui, il faut, en général, si l'engagement ne porte pas
avec lui sa cause, prouver à la fois l'existence de l'engagement et celle de
sa cause.

5° La preuve judiciaire ne peut avoir pour objet que la constatation de
points de faits susceptibles d'être contestés. Les règles du droit ne sau-
raient donc faire la matière d'une preuve proprement dite.

6° Le juge ne peut pas exiger de preuve lorsqu'il s'agit de faits léga-
lement constants. Ainsi, il ne peut pas ordonner la preuve de la non-lé-
gitimité d'un enfant, né dans les délais indiqués par l'art. 312.

Il ne doit admettre ou ordonner la preuve que de faits pertinents,

c'est-à-dire de nature à influer d'une façon positive sur la solution du litige qui lui est soumis.

7° Enfin, il ne pourra considérer comme preuve régulière que celle
que la loi a indiquée et acceptée comme telle. Procédons à leur énumération et à leur constatation.

§ 2. — *Enumération des différents genres de preuves.*

La loi en compte cinq : la preuve littérale, la preuve testimoniale, les
présomptions, l'aveu et le serment. Et pour indiquer la différente valeur
de ces modes de preuves, nous nous bornerons à suivre l'ordre du Code,
parce que nous n'avons ni l'ambition, ni le devoir de présenter dans leur
ensemble et dans leur détail toutes les théories particulières qui se rattachent
à notre sujet.

Cependant nous ferons remarquer que l'on pourrait, sans beaucoup de
difficulté, trouver un ordre plus logique. On pourrait, par exemple, rechercher les cas dans lesquels où, quoi qu'en dise la loi, il n'y a pas
réellement de preuves proprement dites à présenter au juge et à dérouler
devant lui, notamment ceux dans lesquels la loi fait elle-même la preuve
en posant une présomption, et celui où l'une des parties s'en remet au jugement de l'autre en faisant une transaction avec elle, c'est-à-dire dans l'hypothèse du serment *litis décisoire*. On rangerait aussi sous la même rubrique le
cas de l'aveu d'une partie qui dispense de toute espèce d'argumen-
tation.

On pourrait distinguer aussi la preuve directe comprenant la preuve
littérale et la preuve testimoniale de la preuve indirecte comprenant les
présomptions laissées à la prudence des magistrats.

On pourrait aussi, abandonnant cette classification un peu large, ne
distinguer que trois modes de preuves : 1° L'aveu qui est incontestablement le moyen le plus énergique de tranquilliser la conscience du juge
qui a à rechercher l'intention des parties, et qui pourrait embrasser à la
fois l'aveu verbal et l'aveu écrit, qui comprendrait lui-même l'acte sous

seing privé et même l'acte authentique quand il est sigué des parties ; 2o le témoignage qui peut renfermer sous sa dénomination générale l'acte authentique non signé des parties , et dans lequel le notaire joue incontestablement le rôle de témoin des intentions des parties et de leur manifestation ; 3o enfin , les présomptions renfermant à la fois les présomptions légales et les présomptions de fait.

Nous avons voulu seulement montrer ainsi qu'il était possible de donner à l'œuvre du législateur un plan plus philosophique que le sien ; mais pour ne pas tout bouleverser, nous allons reprendre docilement l'ordre du Code.

SECTION II.

§ 1er. — *De la preuve littérale.*

1o *Acte authentique.* — L'acte authentique est celui qui est reçu par un officier public ayant le droit d'instrumenter dans le lieu où l'acte a été rédigé avec les solennités requises. Du reste , un acte sous-seing privé , revêtira d'une manière absolue le caractère d'acte authentique lorsqu'il sera déposé dans l'étude d'un notaire par toutes les parties qui l'ont signé , et que le dépôt en sera régulièrement constaté.

Les actes authentiques dont la rédaction est confiée à des officiers publics spécialement institués pour leur rédaction , et dont la falsification est à la fois plus difficile et punie plus difficilement qu'en matière d'actes sous-seing privé, doivent, on le comprend, être entourés d'une plus grande force probante. Ainsi, tandis que , si celui qui oppose un acte sous-seing privé, est repoussé par son adversaire qui conteste la vérité de l'acte, c'est à lui à corroborer la sincérité de son titre par des preuves intrinsèques ; au contraire, celui qui se prévaut d'un acte authentique, sera cru sur l'apport de son titre, et celui qui voudra en contester la vérité, devra prendre à sa charge la preuve de cette allégation en se livrant à une procédure compliquée et coûteuse, qui porte le nom d'inscription de faux.

Cependant il faut restreindre dans ses vraies limites la foi due à l'acte authentique, jusqu'à inscription de faux. Ainsi, sans doute, l'acte authentique fait foi jusqu'à inscription de faux des faits matériels que l'officier public y a énoncés comme les ayant accomplis lui-même, ou s'étant passés en sa présence : par exemple, de la date que porte l'acte, des signatures apposées, de la numération d'une somme d'argent faite par l'une des parties. Mais un acte authentique ne fera pas foi jusqu'à inscription de faux des faits purement moraux qui y seraient consignés, c'est-à-dire, de faits donc l'officier public n'a pas pu se convaincre par le témoignage de ses sens. Il est bien entendu aussi que les actes authentiques ne font pas preuve non plus jusqu'à inscription de faux de la sincérité ou de la vérité intrinsèque des dires de chacune des parties rapportés par l'officier public dans son acte.

L'acte authentique fera foi, non seulement de l'existence de la convention pour la constatation de laquelle il a été directement dressé, mais encore de ce qui n'y est exprimé qu'en termes énonciatifs, pourvu que la disposition ait un rapport direct avec l'énonciation.

Mais, *quid* de la force probante de l'acte authentique relativement aux tiers et pas seulement aux parties contractantes ? Si nous suivions servilement le texte de l'art. 1320, il semblerait que l'acte authentique n'a de foi qu'entre les parties contractantes; toutefois, tout le monde est d'accord pour décider que la loi a fait ici une confusion entre la force probante de l'acte et les conséquences juridiques de la convention passée devant l'officier public. Il est bien incontestable que la convention n'aura jamais de force qu'entre les parties; mais, la vérité du fait certifié par acte authentique, ne peut pas être une vérité relative, et la foi due à la constatation de ce fait par l'officier public est tout à fait indépendante de la qualité des parties.

Contrairement à la règle que nous indiquons, les contre-lettres, quand même elles seraient rédigées par acte authentique, ne peuvent pas être opposées aux tiers, parce qu'elles sont destinées le plus souvent à rester secrètes (art. 1321). Le mot *tiers* est pris dans cet article d'une façon large : il faut aussi remarquer que la contre-lettre ne sera sans force que *contre* les tiers, tandis qu'elle pourra leur servir, être opposée par eux.

Disons maintenant un mot du moyen de faire tomber un acte authentique ou de suspendre sa puissance, et de la force d'un acte authentique qui renferme cependant un certain vice.

Il est évident que lorsque la plainte en faux, soit au criminel, soit au civil, a réussi, l'acte authentique perd à la fois sa force probante et sa force exécutoire. Mais avant même que l'on ne soit arrivé à ce résultat, en cas de plainte en faux principal, l'exécution de l'acte argué de faux est suspendu par la mise en accusation; et en cas d'inscription de faux faite incidemment, les tribunaux pourront, suivant les circonstances, suspendre provisoirement l'exécution de l'acte. Lorsque les parties, quoique ayant l'intention de faire un acte authentique, n'ont pas réussi, parce qu'elles se sont adressées à un officier incapable ou incompétent, leur acte n'en vaudra pas moins comme acte sous-seing privé, quand même il ne serait pas rédigé en double et qu'il renfermerait des conventions synallagmatiques. Il en serait autrement, si l'acte ne présentait même pas le caractère d'un acte authentique, si, par exemple, on s'était adressé à un officier public essentiellement incompétent par la nature de ses fonctions, notamment à un huissier pour rédiger une vente.

2° *Actes sous-seing privé.* L'acte sous-seing privé est celui qui est fait sans l'intervention d'un officier public et sous la seule signature des parties. Il peut servir à prouver tous les contrats, de quelque nature qu'ils soient, sauf cependant les contrats solennels. Les formes qui sont imposées à sa rédaction, sont généralement indifférentes ; cependant, quelquefois la loi a pris le soin d'énoncer dans l'intérêt des parties quelques formes déterminées.

Quand un contrat est synallagmatique, il faut que l'acte qui le renferme soit rédigé en autant d'originaux qu'il y a de parties ayant un intérêt distinct, et chaque original doit renfermer la mention de l'observation de cette formalité. Il ne faut pas, en effet, on le conçoit, que l'une des parties soit à la merci de l'autre qui retiendrait par devers elle la preuve de la convention pour s'y soustraire. Aussi cette rédaction en double n'est-elle plus exigée quand il s'agit de contrats pour lesquels une des parties contractantes a pleinement exécuté ses obligations au moment de la rédaction de l'acte, ou si elle les a exécutées auparavant, parce qu'alors il n'est plus besoin d'avoir une arme contre elle.

Le défaut de rédaction en double d'un acte sous seing-privé contenant une convention synallagmatique ou le défaut de mention de l'accomplissement de cette formalité entraîne la présomption légale qu'il n'a existé entre les parties qu'un simple projet de convention. Mais cette présomption n'est pas invincible. Chacune des parties peut en établir la fausseté par des moyens de preuves étrangers à l'acte, par le serment ou la preuve testimoniale. D'ailleurs, la nullité résultant de cette absence de formalité ne peut pas être opposée par la partie qui a exécuté partiellement ou complétement l'engagement souscrit dans la convention.

Mais peut-on considérer cet écrit incomplet comme pouvant former un commencement de preuve par écrit? Pour l'affirmative on se fonde sur le texte et l'esprit de l'art. 1347, qui donne le caractère de commencement de preuve à une simple lettre missive. La négative s'appuie, au contraire, surtout sur ce principe que la rédaction du double original a été exigée pour rendre la position des parties égale, et que ce serait renverser complétement le principe, que de permettre à une partie ayant dans les mains le seul original existant, de corroborer ce commencement de preuve par la preuve testimoniale, tandis que l'autre partie n'aurait aucun moyen de cette nature.

Il est aussi une autre hypothèse dans laquelle la loi impose à l'acte sous-seing privé l'obligation de se présenter sous une certaine forme. Ainsi l'acte sous-seing privé, qui contient un engagement unilatéral de payer une somme d'argent ou de livrer une certaine quantité de choses qui se déterminent au compte, au poids ou à la mesure, doit, à moins qu'il ne soit écrit en entier de la main de la partie obligée, être revêtu d'un *bon pour* ou *approuvé* écrit de sa main et énonçant en toutes lettres la sommeou la quantité promise (art. 1326).

Cette disposition de loi est générale, elle s'appliquera même aux lettres de change souscrites par des femmes qui ne sont pas marchandes publiques, et qui dès lors ne peuvent signer que de simples promesses. Mais il est cependant généralement admis qu'elle ne s'appliquera pas aux quittances ; le texte, en effet, ne se rapporte qu'aux conventions, d'où naît une obligation de faire ou de livrer un objet déterminé individuellement ; soit enfin un paiement.

Le législateur a du reste lui-même, introduit une exception assez large en faveur des ouvriers de la campagne ou de la ville, car il peut arriver quelquefois qu'ils savent signer sans savoir écrire, et c'eût été les priver en masse de l'utilité de l'acte sous-seing privé, que de leur imposer l'obligation d'écrire autre chose que leur signature.

Il n'est pas douteux que l'acte auquel cette formalité du *bon* ou *approuvé* manquerait, doit fournir un commencement de preuve par écrit (Arg. 1347).

Un acte sous-seing privé, quoique valable en la forme, n'a de force probante qu'autant que la signature, ou le cas échéant, l'écriture en est reconnue ou vérifiée en justice et déclarée sincère. Mais du reste, il n'est pas essentiel que la partie qui veut user de l'acte, interpelle l'autre sur cette question de la reconnaissance ou de la dénégation ; le silence de l'adversaire vaut comme reconnaissance de l'acte.

Quand la reconnaissance est faite, ou qu'il n'y a aucune dénégation, l'acte sous-seing privé fait foi tant à l'égard des parties ou de leurs ayant-cause, qu'à l'égard de tiers, de tout ce qui concerne la convention ou le fait juridique, que l'on aura voulu constater par écrit. Mais il ne fera pas foi de sa date même à l'égard des parties qui pourront renverser l'énonciation qui y est relative par de simples présomptions. Et à l'égard des tiers, la date ne sera également certaine, que du jour de l'enregistrement de l'acte ou de sa mention dans un acte authentique, ou du jour du décès de l'une des parties.

On considérera comme tiers, les personnes qui n'ont pas figuré dans l'acte sous-seing privé, et qui se trouvent, soit en vertu de la loi, soit en vertu d'une convention passée, ou d'une disposition faite par l'un des signataires, investi en leur propre nom de droits particuliers, réels ou personnels, dont l'existence ou les effets seraient compromis, si la convention pouvait leur être opposée, notamment parce que leurs droits à eux, leur ont été conférés d'après la confection de l'acte sous-seing privé dont s'agit.

On ne peut pas indiquer d'une façon rigoureuse quelles sont les personnes qui spécialement et toujours d'après leur seule qualité, doivent être considérées comme tiers ou comme ayant-cause.

Ainsi, un héritier qui en règle générale est un ayant-cause, deviendra un véritable tiers, s'il agit en vertu d'un droit de réserve, pour faire tomber les conséquences d'un acte sous-seing privé. Ainsi, un créancier qui généralement joue le rôle de tiers, sera considéré comme ayant-cause s'il n'agit pas en son nom personnel, et s'il ne fait valoir au contraire que les droits de son débiteur : comme cela se pratique, par exemple en matière de faillite où les créanciers représentent le failli.

La preuve littérale ne consiste pas seulement dans des actes souscrits par les parties; on peut rencontrer des écrits dépourvus de signature sans doute, mais qui ne le sont pas cependant de toute force probante; à ce titre nous signalerons d'abord les livres de commerce.

Les livres de commerce dont la tenue est imposée par la loi aux seuls commerçants, doivent être appréciés dans trois hypothèses différentes, quand on veut envisager leur valeur.

1° Du commerçant au non-commerçant, les livres de commerce ne font pas foi ; il serait injuste en effet, que le commerçant pût vis-à-vis du non-commerçant se servir victorieusement d'une arme dont l'adversaire n'est nullement tenu d'avoir l'équivalent. Cependant, si le livre du commerçant est régulièrement tenu, le juge y pourra puiser un commencement de preuve qui permettra de déférer au commerçant le serment supplétif.

2° Contre un commerçant, son livre de commerce fait toujours foi pleine et entière.

3° Enfin, entre deux commerçants, si les deux parties ont des livres régulièrement tenus, et que leur écriture soit conforme, la preuve qui en résulte sera admise par le juge comme complète. Si au contraire l'une des parties seulement possède des livres réguliers, le juge peut tenir pour constants en faveur de cette partie les faits qui y sont énoncés.

Les registres et papiers domestiques, c'est-à-dire les carnets de recettes et de dépenses tenus par des non-commerçants ne peuvent, en aucun cas, faire preuve en leur faveur de l'existence d'une créance ou d'une libération. Ils ne formeront même pas un commencement de preuve; mais ils font foi contre ceux qui les tiennent dans les deux hypothèses suivantes, s'ils énoncent tout simplement un paiement reçu ou bien s'ils contiennent la mention d'une dette ; et alors, dans ce cas-là, cette mention ne vaut qu'à la condition qu'il soit spécialement énoncé que la mention a été faite pour tenir lieu de titre. Il faut d'ailleurs que les mentions sus-indiquées soient écrites de la main de celui auquel on les oppose.

L'écriture mise par le créancier à la suite, en marge ou au dos d'un titre de créance, fera foi quoique non daté ni signé de lui, si elle tend à établir la libération du débiteur ; mais à la condition que ce titre de créance soit toujours demeuré en sa possession ; il en sera de même de l'écriture mise par le créancier à la suite, en marge ou au dos, soit d'une quittance en règle, soit du double d'un acte, lorsque ce double se trouve entre les mains du débiteur.

Quant aux écritures non signées qui se trouvent sur simples feuilles volantes, elles ne font pas foi contre celui dont elles émanent, quand même elles énonceraient un paiement reçu ou un engagement contracté. Elles pourraient, ce semble pourtant, servir de commencement de preuve par écrit.

Les copies de titres n'ont généralement aucune force tant que l'original peut être représenté. Il est certain aussi que les copies d'actes sous-seing privé sont tout à fait sans valeur, seraient-elles même tirées par un no-taire.

Les copies d'actes authentiques auront la même force que l'original, s'il a disparu, si ce sont des grosses ou premières expéditions, si ce sont des copies tirées en présence des parties et de leur consentement réciproque, et enfin si ce sont des copies tirées par autorité des magistrats, parties présentes ou dûment appelées, mais toujours par l'officier public déposi-taire de la minute.

Quand les copies sont tirées par un officier public qui n'est pas le dé-

positaire légal de la minute, elles ne servent que de commencement de
preuve par écrit.

Quant aux copies de copies, elles n'ont généralement tout au plus que
la valeur de simples renseignements, à moins qu'il ne s'agisse d'une trans-
cription d'acte et qu'il soit constant, d'après le répertoire en règle du notaire, que l'acte a été fait à la date indiquée, et que toutes les minutes du
notaire dans l'année de cette date sont perdues.

De même que les copies de titres ne remplacent jamais l'original ou ne
le remplacent que bien difficilement, les actes récognitifs destinés à rap-
peler d'anciennes conventions, ne dispenseront jamais de l'apport du titre
primordial.

Cependant l'acte récognitif pourra tenir lieu de l'acte primordial, s'il
en reproduit la teneur, c'est-à-dire l'ensemble de ses dispositions ; il en
sera de même s'il y a plusieurs actes récognitifs conformes l'un à l'autre
soutenus par la possession, et que l'un d'eux au moins soit corroboré par
la possession de trente ans.

Nous ne dirons rien des actes confirmatifs enfermés cependant par la
loi sous la même rubrique que les actes confirmatifs, car le législateur
nous paraît ici s'être abusé en confondant ce qui est relatif à la preuve
de l'existence des obligations avec les vices qui peuvent entacher ces obligations et les moyens de les faire disparaître. Observons seulement en
passant que toute forme autre que la forme authentique sera impuissante
à manifester l'existence d'une obligation, car il s'agit d'un acte solennel,
et que dans ces actes la forme indiquée est une condition essentielle de
leur existence.

De la preuve testimoniale.

La preuve testimoniale n'a été pour ainsi dire admise par le Code
qu'avec un certain regret, et son application a été considérablement res-
treinte, tant à cause des dangers que présente la trop facile subornation
des témoins , que pour obvier aux inconvénients qui résultent de la
multiplicité des procès. On peut donc dire que l'emploi de la preuve tes-

timoniale aura généralement le caractère d'une exception. Il faut ajouter, de plus, que la prohibition de la preuve testimoniale est plus encore d'ordre public que d'intérêt privé. De telle façon que si la preuve testimoniale est inadmissible , le juge doit la rejeter d'office, quoique la partie contre laquelle on entend la faire valoir ne s'oppose pas à son admission et y consente même formellement. Cela posé , indiquons les principes et les exceptions qui régissent la preuve testimoniale.

Tout fait juridique dont l'objet est d'une valeur supérieure à 150 fr., doit être prouvé par écrit, sous peine de ne pouvoir pas être établi par la preuve testimoniale. Nous disons à dessein qu'il faut apprécier la valeur du fait juridique qui donne lieu à la contestation , car ce n'est pas à la demande qu'il faut se rattacher.

Aussi la preuve testimoniale ne pourra pas être invoquée à l'appui d'une demande ayant pour objet une somme inférieure à 150 francs, lorsqu'il ressort, soit des déclarations du demandeur, soit des dépositions des témoins, que cette somme est le reliquat ou fait partie d'une créance supérieure à ce taux. Par la même raison, celui qui a formé une demande excédant 150 francs, ne peut plus être admis à la preuve testimoniale du fait pour lequel il intente sa demande, même en réduisant le chiffre de son action au-dessous de 150 francs.

Il faudra également rejeter la preuve testimoniale dans le cas où il s'élève, sur un fait juridique dont l'objet excède 150 francs, une contestation d'une valeur inférieure à cette somme.

Mais *quid* du cas où quoique le fait juridique soit d'une valeur inférieure à 150 francs, la demande cependant dépasse cette somme, comme si, par exemple, une société, n'ayant pas un capital de plus de 150 fr., les bénéfices de l'un des associés réclamés par lui excèdent cette somme ? Nous croyons que la preuve testimoniale ne sera pas admissible; le taux de la demande suffit pour faire supposer qu'il pourrait y avoir subornation de témoins.

Pour déterminer la valeur d'un objet formant la matière d'une convention , on doit avoir égard , non-seulement à la prestation principale , mais encore aux prestations accessoires.

Enfin il faut remarquer que le législateur a été tellement jaloux d'empêcher la violation indirecte de la prohibition de la preuve testimoniale pour des matières excédant 150 fr., qu'il a cru devoir rejeter cette preuve, même dans le cas où une demande supérieure à ce chiffre, se composerait de plusieurs chefs distincts, reposant sur des faits juridiques différents, intervenus à des époques diverses et dont l'objet quant à chacun d'eux, pris isolément, serait inférieur à 150 fr. L'on voit ici, du reste, se manifester plutôt l'intention d'éviter de nombreux petits procès, surtout quand on voit le législateur ajouter comme sanction de cette dernière disposition, qu'il faut réunir dans un même exploit toutes les demandes qui ne seront pas entièrement justifiées par écrit.

A côté du principe qui ne permet pas l'emploi de la preuve testimoniale pour des sommes excédant 150 fr., il faut poser celui-ci, c'est que, même lorsqu'il s'agira de sommes inférieures, si l'on voulait contrarier et contredire les énonciations d'un acte écrit, par la preuve testimoniale, on n'y serait pas reçu.

Ce double principe reçoit des exceptions assez nombreuses ; elles méritent de notre part une énumération.

1o En matière commerciale, la preuve testimoniale est toujours recevable, lors même que l'objet du fait juridique à prouver est d'une valeur supérieure à 150 fr.; et l'on peut même quelquefois combattre, par la preuve testimoniale, les énonciations contenues dans un acte écrit :

2o Mêmes exceptions quand il existe un commencement de preuve par écrit, c'est-à-dire quand le demandeur a dans les mains un écrit émané du défendeur ou de celui qu'il représente, ou qui l'a représenté, et qui est de nature à rendre vraisemblable le fait allégué. Les papiers domestiques, les lettres missives, les écrits même non signés de la partie, pourvu que l'écriture ne soit pas contestée, tous ces éléments méritent d'être appelés des commencements de preuve par écrit ;

3o Même exception lorsqu'il a été impossible à celui qui invoque la preuve testimoniale de se procurer une preuve littérale. Comme exemple de cette dernière exception, fournie, du reste, par la loi, il faut citer les quasi-contrats, les délits, les quasi-délits, les dépôts nécessaires et toutes autres obligations contractées à l'occasion d'accidents imprévus. Il n'est pas douteux non plus que des faits de violence, d'erreur, de dol, de fraude ou de simulation, ne puissent être établis par la preuve testimoniale, quand on veut faire annuler un contrat passé sous l'influence de ces vices divers du consentement ;

4o La preuve testimoniale sera également admise, tant au-dessus de 150 fr. , que contre et outre le contenu aux actes, lorsque la preuve littérale que s'était procurée celui qui invoque la preuve testimoniale, a péri ou a été supprimée par suite d'un cas de fortune ou d'un délit qu'il n'a pas été en son pouvoir de réprimer.

§ 3. — *Des tailles.*

Quand les tailles sont corrélatives, elles tiennent lieu d'écriture, et forment une espèce de preuve littérale, naïve et primitive des fournitures faites ; et si les deux tailles ne concordent pas, les coches excédantes ne compteront pas. Les tailles feront généralement preuve , quel que soit le chiffre des fournitures et par conséquent au-dessus de 150 fr.

Des Présomptions.

La présomption est une conséquence que la loi ou le magistrat tire d'un fait connu à un fait inconnu ; d'où il suit qu'il faut les distinguer en présomptions légales et présomptions de fait.

Au premier abord, on ne voit pas bien la différence qui sépare la présomption de la preuve. Elle se révèle cependant par le caractère du fait qui est connu et qui sert de générateur à la démonstration du fait inconnu. Si le fait connu constitue l'affirmation du fait inconnu, il y a preuve ; dans le cas contraire, il y a simple présomption.

Présomptions légales. Les présomptions légales sont celles qui sont attachées par une loi spéciale à certains actes et à certains faits. Toute présomption légale a pour effet de dispenser celui qui allègue un fait, réputé certain en vertu d'une telle présomption de l'obligation de le prouver. Toutefois, celui qui invoque une présomption légale, est tenu de prouver l'existence des faits qui lui servent de base.

Généralement les présomptions légales sont susceptibles d'être combattues par la preuve contraire ; elles constituent alors des présomptions simples, autrement dit *juris tantum* ; et alors cette preuve contraire qui fera tomber la présomption, pourra se faire par tous les moyens et notamment par la preuve testimoniale. — D'un autre côté, on distingue les présomptions légales qui ne sont susceptibles d'être combattues par aucun genre de preuve ; ce sont les présomptions absolues, autrement dit, *juris et de jure*. On doit considérer comme présomptions absolues celles sur le fondement desquelles la loi annulle certains actes, ou dénie l'action en justice, sans avoir réservé la preuve contraire. Cependant, quelqu'absolue que soit la présomption légale, elle ne forme pas obstacle à l'efficacité de l'aveu des faits contraires, ni à la délation d'un serment décisoire sur ce fait, pourvu qu'il s'agisse de présomptions exclusivement établies dans un intérêt privé et qui ne se rattachent pas à des matières dans lesquelles l'aveu et le serment sont inadmissibles.

Une des présomptions légales les plus importantes, et contre laquelle la preuve contraire n'est point admissible, est celle résultant de la *chose jugée* ; mais les limites assignées à notre travail ne nous permettent même pas d'essayer de fixer les principes ni d'énoncer les espèces pour l'étude de cette exception. Qu'il nous suffise de dire que l'autorité de la chose jugée est purement relative et qu'elle ne peut être opposée que lorsqu'il s'agit des mêmes personnes, procédant en la même qualité, discutant sur le même objet, et fondant leur prétention sur la même cause que celle qui a donné lieu au procès déjà vidé.

Présomptions de fait. La loi ne pouvait pas énumérer celles-là ; elle en a laissé non-seulement l'appréciation, mais la fixation à la prudence et à la sagesse des magistrats. Seulement, la loi demande qu'elles soient *graves, précises, concordantes*, et n'en admet l'application que dans les cas où la preuve testimoniale est admise, à moins que l'acte ne soit attaqué pour cause de fraude ou de dol.

§ 4. — *De l'Aveu.*

L'on ne saurait concevoir de preuve plus énergique de l'existence d'un fait que la confession qui en est exprimée par une partie qui aurait intérêt à le cacher ; aussi l'on comprend tout de suite que toute personne ne peut pas faire un aveu dans sa propre cause.

Ainsi l'aveu émané d'un mineur ou d'une femme mariée non autorisée, ne pourra leur être opposé. Ainsi , les mandataires ne pourront faire d'aveu aux préjudice de leurs mandants, si ce n'est en vertu d'un pouvoir spécial.

L'aveu se distingue en aveu judiciaire et extra-judiciaire ; et cette simple distinction indique déjà suffisamment quelle peut être l'importance respective de chacun d'eux.

L'aveu judiciaire ne peut être rétracté par cela seul qu'il n'a pas encore été accepté; il ne peut l'être qu'autant qu'il est le résultat d'une erreur de fait, et de plus à la condition que l'auteur de l'aveu prouve l'erreur de fait qu'il allègue.

L'aveu judiciaire fait contre la personne dont il émane pleine foi des circonstances qu'il a révélées. Aussi le juge est également obligé de tenir ces circonstances pour constantes.

L'aveu qualifié est indivisible , au moins quand il s'agit de faits qui sont dépendants l'un de l'autre. Ainsi la partie qui l'invoque ne peut se servir de ce qui est à son avantage, et rejeter ce qui lui est contraire.

L'aveu extra-judiciaire est loin d'avoir la même force ; et la loi laisse au juge une latitude absolue pour en déterminer la valeur.

§ 5. — *Du serment.*

On distingue deux sortes de serment, le serment supplétif et le serment litis-décisoire. Le serment décisoire est déféré par une partie à l'autre comme moyen de transaction pour arriver à la solution du procès. Le serment supplétif, au contraire, est déféré par le juge en dehors de la volonté des parties.

Serment décisoire. —La faculté de déférer le serment n'appartient qu'aux personnes qui jouissent de la capacité de transiger sur l'objet du litige, et il ne peut être déféré qu'à celui qui plaide en son nom personnel et non à celui qui ne fait que représenter en justice une des parties.

La délation de serment n'est subordonnée à l'existence d'aucun commencement de preuve, elle peut avoir lieu en tout état de cause ; mais elle ne peut porter que sur des faits pertinents et décisifs et personnels à la partie à qui le serment est déféré.

La partie à qui le serment est déféré doit accepter l'offre de transaction qui lui est faite ; elle doit ou prêter serment ou le référer ; sinon elle perd son procès.

Serment supplétif. — Le juge n'est autorisé à déférer le serment supplétif, qu'à la condition que la demande ou l'exception ne soit pas pleinement justifiée, mais qu'elle ne soit pas totalement dénuée de preuve ; il lui est permis, par exemple, de choisir la partie qu'il honore d'une certaine confiance en lui remettant la solution du procès. Aussi, comme cette délation de serment dépend d'un choix déterminé par des raisons personnelles, le serment supplétif déféré à l'une des parties, ne pourra pas être déféré par elle à l'autre

Enfin, lorsqu'une demande a pour objet la restitution d'une chose qui ne peut plus être remise en nature, et que la demande étant justifiée en elle-même, il ne reste plus qu'à déterminer la valeur de la chose, sans qu'elle puisse être constatée à l'aide d'aucun autre moyen de preuve, le juge est autorisé pour la fixer à déférer le serment au demandeur. Mais en usant de cette faculté, le juge doit mesurer pour ainsi dire le degré de confiance qu'il accorde à la partie, et fixer la somme jusqu'à concurrence de laquelle le demandeur sera cru sur son serment.

Droit Commercial.

Du rechange.

Lorsque le porteur d'une lettre de change n'a pas pu se faire payer son titre, et qu'il n'a pas le temps d'attendre le résultat du recours qu'il a le droit d'exercer contre le tireur ou les endosseurs, la loi lui a donné le moyen d'obtenir immédiatement les fonds qu'il se promettait de toucher, et dans le lieu même où il espérait les réaliser.

Pour cela il suffit que le porteur changeant de rôle et prenant celui de tireur, souscrive une nouvelle lettre de change en faveur de celui qui lui avancera les fonds et payable sur le tireur ou l'un des endosseurs de la lettre de change demeurée en souffrance. Cette opération a été qualifiée par la loi de rechange. Il est dit, en effet, dans l'art. 177 du Code de Commerce que le rechange s'effectue au moyen d'une *retraite*, c'est-à-dire par une nouvelle *traite*. Il faut cependant avouer que le législateur ne paraît pas avoir une idée bien nette de la valeur du mot rechange, car dans l'art. 179 il définit le rechange le prix auquel se négocie la traite.

Ou pensait autrefois que lorsque le porteur ne trouvait de lettre de change ni sur le tireur ni sur les endosseurs, il pouvait en tirer une sur toute personne et qu'il avait même le droit de prendre l'argent à intérêt; mais il est certain que ce droit-là n'est plus reconnu maintenant. Il est seulement permis au porteur de choisir le tireur ou l'un des endosseurs pour leur faire jouer le rôle de tiré dans la lettre de change qu'il souscrit;

il est bien entendu, du reste, que ce droit ne lui appartient qu'à la condition d'avoir fait faire un protêt.

L'on comprend facilement que le chiffre de la retraite sera un peu plus
élevé que celui de la lettre de change non payée; il s'ajoute à cette valeur primitive plusieurs frais accessoires qui sont la conséquence de ce
non paiement, et que le porteur ne peut pas équitablement subir sans
recours. Ces frais accessoires doivent être appréciés et énumérés dans un
compte particulier qui porte le nom de *compte de retour* et qui est joint à
la retraite.

Le compte de retour comprend le principal de la lettre de change protestée, les frais de protêt et autres frais légitimes, tels que commission de banque, courtage, timbre et ports de lettres. L'on s'est demandé à propos de ces frais accessoires, si le porteur ne pourrait pas réclamer
aussi ses frais de voyage. Il nous paraîtrait bien exorbitant de les faire
entrer dans le compte de retour. Le porteur en effet n'était-il pas obligé
de faire ce voyage, et le tireur doit il être responsable indéfiniment de
dommages qui ne sont pas faciles à apprécier et dont le calcul ne peut
être fait à *priori?* Sans doute on pourra peut-être réclamer des dommages
intérêts, mais il nous semble que ces dommages ne doivent être dus qu'à
la condition de pouvoir être bien prévus et bien fixés à *priori*. Le compte
de retour est accompagné de la lettre de change protestée, du protêt ou
d'une expédition de l'acte de protêt; et il énonce en même temps que le
nom de celui sur qui la retraite est faite, le prix du change auquel elle est
négociée. Il doit être certifié par un agent de change ou bien par deux
commerçants dans les lieux où il n'y a pas d'agents de change; et la sanction que la loi impose à la confection de ce certificat, et qu'il ne sera pas
dû de rechange en son absence.

Sans doute les agents de change jouent en cette matière le rôle de notaires; faut-il cependant donner à leurs certificats la force d'un acte authentique, faut-il les croire jusqu'à inscription de faux? Il nous semble
qu'il faut distinguer entre les différentes indications que renferme le
compte de retour. Evidemment, l'agent de change certifie le cours du
change, en tant qu'officier public, car c'est là un devoir de sa profes

sion ; mais quant aux autres indications, celles des frais de banque, de courtage, de ports de lettre, etc., l'agent de change n'est réellement là qu'un témoin auriculaire, il ne sait rien par lui-même, il ne peut donc être cru jusqu'à inscription de faux.

L'appréciation et la fixation du taux du rechange est incontestablement le point le plus délicat de la théorie de la retraite. Disons-en quelques mots.

Quand la retraite a été faite sur le tireur, la solution est simple, car elle est donnée par l'art. 179 du Code de Commerce, dont la première disposition est claire et l'intelligence facile. Elle est ainsi conçue : le rechange se règle à l'égard du tireur, par le cours du change du lieu où la lettre de change était payable, sur le lieu d'où elle a été tirée.

Mais quand la retraite a été faite sur l'un des endosseurs, il nous semble que la solution de la question n'est pas nettement donnée, lorsque le législateur se borne à dire dans le deuxième paragraphe de l'art. 179, que le rechange se règle à l'égard des endosseurs par le cours du change, du lieu où la lettre de change a été remise ou négociée par eux, sur le lieu où le remboursement s'effectue. Sans doute, la première indication est claire et l'on comprend très bien ce que c'est que le lieu où la lettre de change est négociée ou endossée ; mais que veulent dire ces autres expressions, le lieu où le remboursement s'effectue ? Est-ce le lieu où la lettre de change est payable, problablement non, car lorsque le législateur a voulu indiquer ce lieu-là, il l'a dit expressément, comme dans le premier alinéa de l'art. 179. Sans entrer dans les controverses qui se sont produites à propos de cette question, et sans vouloir apprécier les différents mérites des systèmes exposés, nous nous permettrons de conclure que ces mots, le remboursement s'effectue, doivent in_ diquer qu'il s'agit du vrai domicile de l'endosseur, que le législateur a dû prendre sagement en considération, comme un point fixe et irrévocable, quand il s'agissait d'indiquer un élément important de l'appréciation de la quotité d'un recours en matière de lettre de change. Mais la question se complique, quand on s'aperçoit que le rechange ainsi calculé vis-à-vis d'un endosseur, est inférieur ou supérieur à celui qui aurait existé, si la retraite eût été faite sur le tireur lui-même ; on se demande alors à qui incombera ou à qui profitera la différence.

Plusieurs auteurs, M. Bravard-Veyrières entr'autres, ont soutenu que lorsque le rechange était inférieur, la différence devait profiter au tireur ; que si, au contraire, le rechange était supérieur, le porteur devait le supporter, sans recours contre personne, parce qu'il devait s'imputer à lui-même d'avoir fait sa retraite de façon à grossir le rechange.

Nous adoptons la première partie de cette opinion, car il est tout naturel que le tireur ne rembourse que ce que l'endosseur a été obligé de rembourser lui-même ; mais nous nous séparons d'elle quand elle veut faire admettre que le porteur devra subir la différence en plus du cours du change. Est-ce qu'il était possible en effet au porteur de se dispenser de recourir contre un endosseur? Est-ce que celui qui a fait les fonds de la lettre de change ne peut pas avoir imposé au porteur l'obligation de recourir contre un endosseur dans la solvabilité duquel il a confiance, tandis que le tireur ne lui en inspirait aucune. Mais si nous déchargeons le porteur de la responsabilité de cette différence, ce n'est pas pour la faire peser sur le tireur, mais bien au contraire sur l'endosseur, qui devra se reprocher pour ainsi dire d'avoir transporté sa lettre de change en dehors de son rayon normal, et d'avoir, par une négociation qu'on peut qualifier d'intempestive, augmenté les difficultés en ajoutant à la distance qui sépare le domicile du tireur de celui du tiré.

Il ne pourra pas être fait plusieurs comptes de retour sur une même lettre de change ; en d'autres termes, les rechanges ne pourront pas être cumulés ; chaque compte de retour sera remboursé d'endosseur à endosseur respectivement. Les art. 182 et 183, qui consacrent ces principes, ont incontestablement apporté une heureuse modification aux principes de l'ordonnance qui voulait qu'il pût y avoir une accumulation de rechanges, de telle façon que lorsque la retraite était faite, le tireur recevait par suite de tous ces retours successifs une lettre de change grossie d'une façon scandaleuse.

Droit Administratif.

—

De la juridiction contentieuse des ministres.

Nous n'avons pas la prétention d'indiquer même d'une façon approxi-
mative les nombreuses et importantes matières sur lesquelles se portent,
d'après la loi et la jurisprudence, le pouvoir et l'activité de ces hauts
fonctionnaires qu'on appelle ministres ; nous voulons et devons seulement
dire les principes qui dominent leur mode d'action quand ils jugent comme
véritables tribunaux, et surtout rechercher s'il faut accorder au tribunal composé du ministre tout seul dans chacun de leur département,
une compétence exceptionnelle ou simplement la compétence de droit
commun. En d'autres termes, nous allons d'abord résoudre la question
de savoir si les ministres doivent être compétents, seulement quand un
texte de loi leur attribue une puissance spéciale, ou si, au contraire,
toutes les réclamations contentieuses ne doivent pas aboutir à eux, comme
en matière civile où l'on recourt au tribunal civil pour toutes les matières
qui ne sont pas attribuées à des juridictions spéciales.

§ 1er — *Le tribunal des ministres est-il exceptionnel ou de droit commun.*

Le doute existe sur la question de savoir s'il faut attribuer la juridiction contentieuse du droit commun aux ministres ou aux conseils de
préfecture.

Ceux qui soutiennent que les conseils de préfecture constituent des
tribunaux de droit commun, se fondent sur ce que : 1o dans l'exposé des

motifs de la loi du 28 pluviôse an VIII, les termes employés pour justifier la création de ce tribunal semble manifester l'intention qu'avait le premier Consul de transférer tout le contentieux administratif à un tribunal unique que l'on appelait conseil de préfecture et qui était organisé par la loi précitée. On y dit, en effet, qu'il faut donner à la fois dans l'intérêt particulier et dans l'intérêt public, la sûreté qu'on ne peut attendre d'un jugement porté par un seul homme, et qu'il importe aussi de donner à la propriété des juges accoutumés au ministère de la justice, à ses règles ou à ses formes.

2o Il se fonde sur un décret rendu par le Conseil d'Etat le 6 décembre 1818, et qui après avoir prononcé l'annulation d'un arrêté préfectoral, en considérant que les conseils de préfecture sont institués pour prononcer sur toutes les matières contentieuses et administratives, a eu l'honneur d'être inséré au Bulletin des lois, ce qui lui donne un caractère réglemetaire et obligatoire, quoiqu'il ne statuât que sur une affaire d'intérêt privé.

Nous pensons, au contraire, d'abord que le conseil de préfecture n'est pas le juge ordinaire du contentieux :

1o Parce que, malgré la généralité des termes employés dans l'exposé des motifs de la loi du 28 pluviose an VIII, le résultat n'a pas été d'accord avec les principes posés. En effet, l'art. 4 de cette même loi, au lieu d'attribuer dans une formule très-simple tout le contentieux aux conseils de préfecture, se livre à une énumération qui implique l'exclusion de toutes autres matières; et ce raisonnement est encore soutenu par toutes les lois postérieures qui sont venues ajouter à la compétence de ces conseils comme autant d'alluvion de compétence par des additions successives, qui toutes démontrent qu'on sentait la nécessité d'attribuer à un tribunal ce qu'il n'avait pas obtenu d'un seul coup et par la force des choses.

2o Le décret du Conseil d'Etat de 1813, quelle que soit la forme de sa publication, ne peut jamais s'élever à la hauteur d'une loi ou d'une disposition réglementaire.

Nous croyons de plus que ce sont les ministres qui ont cette compétence du droit commun, qu'il ne faut pas attribuer aux conseils de préfec ture ; nous croyons ainsi : 1° parce que , d'après l'art. 17 de la loi des 27 avril et 25 mai 1791, on avait attribué au roi et aux ministres réunis en Conseil d'Etat, l'ensemble du contentieux administratif.

2° Parce que la Constitution de l'an III, qui posa ces principes que les ministres ne formaient point un conseil , ne leur enleva aucune de leurs attributions, mais les individualisa seulement, en circonscrivant chacun de ces hauts fonctionnaires dans leurs départements respectifs.

3° Parce que , lorsque l'art. 52 de la Constitution de l'an VIII, se borne à énoncer qu'un conseil d'état sera chargé de résoudre les difficultés qui s'élèvent en matière administrative, ce texte de loi n'a pour but que d'enlever aux ministres le jugement en dernier ressort qui leur avait été antérieurement attribué, pour le transporter au Conseil-d'Etat.

4° Parce que cette juridiction du droit commun résulte forcément pour les ministres de la hauteur de leurs fonctions, de la plénitude de leurs pouvoirs , de leur élévation au dessus des intérêts particuliers , qui est le fondement essentiel de toute bonne décision administrative , et enfin de la responsabilité réelle qui, à diverses époques, a pesé sur eux après avoir été consacrée par les chartes.

5° Parce que le Conseil d'Etat lui même a le premier, en l'an VIII , e- connu et consacré le principe de la compétence générale des ministres, et que la même reconnaissance a eu lieu sous l'Empire où la responsabilité ministérielle n'était pas cependant une réalité, et où l'impulsion adminis- trative découlait tout entière du Conseil d'Etat.

Nous sommes donc bien en droit de conclure, avec le texte des consti- tutions depuis même 1791 , avec leur esprit non moins qu'avec la juris- prudence, que le ministre est en France le vrai tribunal général de droit commun , et auquel doivent aboutir toutes les plaintes contentieuses ad- ministratives, au moins au premier degré, à moins qu'un texte formel de loi n'en ait autrement décidé.

Il est vrai sans doute qu'en 1851 un projet de loi fut présenté à l'As- semblée législative, qui tranchait la question du contentieux administratif en faveur du conseil de préfecture ; il est vrai aussi qu'une commission a été instituée sous la présidence du ministre de l'intérieur et par décret impérial du 3 mars 1853, pour rechercher les améliorations qu'il conviendrait d'introduire dans l'organisation des conseils de préfecture; peut-être même que les travaux de cette commission aboutiront à donner à ces juridictions la compétence de droit commun ; mais tous ses efforts prouvent à l'envi que pour la leur donner, il faudrait changer l'ordre de choses établi, et tant qu'une nouvelle loi ne sera pas faite, il faut laisser aux ministres seuls une puissance que tout concourt à leur donner.

§ 2. — *Quels sont les principes qui dominent la juridiction des ministres ?*

Il faut poser en principe bien incontestable, que les ministres ne forment jamais un tribunal d'appel, qu'ils ne sont jamais que des juges de premier degré, et que lorsqu'il s'agit d'une matière qui ne leur a pas été spécialement enlevée, pour être attribuée aux préfets comme juges du contentieux, on parle cependant de décisions rendues avant la leur par le préfet; les décisions de ce dernier fonctionnaire ne doivent être considérées que comme des mesures d'instruction et non pas comme de véritables jugements. Aussi dans ce cas-là les arrêtés des préfets ne pourront pas être attaqués directement devant le Conseil d'Etat, sans avoir été soumis à l'approbation du ministre. Et alors si le ministre approuve et ratifie l'arrêté du préfet, c'est bien plutôt contre la décision ministérielle, que contre l'arrêté préfectoral que le pouvoir sera dirigé.

Il est donc certain que les ministres excéderaient leur pouvoir et qu'ils empiéteraient sur les attributions du Conseil-d'Etat, s'ils modifiaient ou réformaient des arrêtés des conseils de préfecture, des arrêtés de préfet rendus en matière contentieuse, ainsi que des décisions de commissions spéciales qui ont reçu le pouvoir de juger et qui constituent ainsi de véritables tribunaux administratifs.

Puisque chaque ministre a une compétence circonscrite par les bornes de son département, il y aurait excès de pouvoir, si l'un d'eux rendait une décision dans une matière concernant son collègue, à moins qu'un décret impérial n'ait confié l'intérim d'un ministère à un ministre non titulaire du portefeuille.

Enfin, il faut remarquer que, quoique les ministres ne puissent pas élever eux-mêmes un conflit, ils peuvent donner l'ordre à un préfet de le faire.

Il n'est pas douteux non plus que, bien que les ministres aient une compétence générale, il peut leur être imposé quelquefois de prendre l'avis des comités du Conseil-d'Etat, ou de certaines commissions consultatives, ou de demander une instruction préalable aux préfets.

————

Cette Thèse sera soutenue, en séance publique, le 10 août 1855, dans une des salles de la Faculté.

Vu par le Président de la Thèse,

LAURENS, Doyen.

Toulouse, Imprimerie TROYES OUVRIERS REUNIS, rue Saint-Pantaléon, 5.

TOULOUSE
OUVRIERS RÉUNIS
St-Pantaléon, 3.